Inhalt

Text: Doris Riedl

Illustrationen: Madlen Frey, Till Bayreuther

Endlich Badewetter!

„Ha!“, macht Benjamin im Schlaf und dreht sich nach rechts. „Ha... haaa...!“, macht er und dreht sich nach links. „Haaatschi!“, niest er schließlich und wacht auf.
Na so was! Wer hat ihn denn am Rüssel gekitzelt? Benjamin reibt sich die Augen, und da sieht er es auch schon: „Törööö! Die Sonne!“
Hell und warm scheint sie ins Zimmer und hat heute offenbar nichts Besseres zu tun, als Elefanten aufzuwecken. Benjamin hüpft sofort aus seinem Bett und öffnet das Fenster. „Was für ein schöner Tag!“, freut er sich und hält seinen Rüssel in die Sonne.
Die letzten Tage hatte es geregnet und sogar noch einmal geschneit. Aber jetzt ist der Himmel blau, die Sonne warm und Benjamin – nass!
„Hoho, spritzt doch nicht so!“, ruft er lachend zu den Spatzen, die unter seinem Fenster in einer Pfütze baden. Aber die Spatzen spritzen vergnügt weiter, und da bekommt Benjamin ebenfalls große Lust zu baden. Natürlich nicht in einer Pfütze! Auch nicht in der Badewanne. Oh nein!

Benjamin will bei dem herrlichen Wetter im Zoosee baden. Er zieht sich seinen Badeanzug an, hängt sich ein Handtuch über die Schulter und stapft los.
„Hallo, Benjamin! Wo willst du denn hin?“, fragt Karl den halb bekleideten Elefanten.
„Zum Zoosee“, antwortet Benjamin vergnügt.
„Das ist doch viel zu früh!“, meint Karl entsetzt.
„Aber es ist doch schon zehn Uhr“, sagt Benjamin und deutet auf Karls Armbanduhr.
Aber nein, so hat Karl das doch nicht gemeint! „Es ist noch viel zu kalt“, erklärt er.
Kalt? Oh, stimmt ja! Plötzlich merkt Benjamin es auch. Er merkt es an seinen klammen Füßen, den zitternden Beinen und dem blau angelaufenen Rüssel. „Wann ist es denn nicht mehr zu kalt?“, will Benjamin wissen.

Das weiß Karl auch nicht so genau, aber ungefähr schon. „Auf jeden Fall müssen die Schneeglöckchen draußen sein“, antwortet er. „Dann muss Nat-Nat ihre Eier ausgebrütet haben und der Kirschbaum blühen.“
Benjamin lässt traurig seinen Rüssel hängen. „Aber das dauert ja mindestens noch ... ewig“, murmelt er enttäuscht.

Vor Kälte schlotternd läuft Benjamin ins Elefantenhaus zurück und zieht sich Hose und Jacke an. Gleich darauf wird es ihm wieder warm, und ihm fällt ein, wie er den Schneeglöckchen beim Wachsen helfen kann, dem Kirschbaum beim Blühen und Nat-Nat beim Brüten.
Als Otto in den Zoo kommt, sitzt Benjamin mit einem Glockenspiel im Gras.
„Was machst du da?“, fragt Otto erstaunt.

„Ich spiele Schneeglöckchenmusik, damit die Schneeglöckchen schneller herauskommen“, antwortet Benjamin und klimpert fröhlich die Tonleiter durcheinander.

„Bisher wachsen sie aber nicht“, stellt Otto fest und blickt ganz genau auf die zarten grünen Triebe im Boden.

„Ich spiele lauter, dann kannst du es vielleicht besser sehen“, ruft Benjamin und hämmert ein lautes *Dong-Ding-Dang!* Doch Otto kann noch immer nichts erkennen.

„Geschafft! Die Schneeglöckchen sind voll erblüht“, behauptet Benjamin plötzlich und bringt das Glockenspiel ins Elefantenhaus zurück.

„Und jetzt helfen wir Nat-Nat beim Brüten“, beschließt er.

Otto wundert sich sehr über seinen Freund. Was ist heute nur mit Benjamin los? Und warum schleicht er sich jetzt mit einem Kissen im Rüssel an die brütende Ente heran?
„Was machst du, Benjamin?“, fragt Otto.
„Pssst!“, macht Benjamin. Dann schiebt er der Ente ganz vorsichtig das Kissen unter ihren Bürzel und auf die Eier drauf.
Nat-Nat merkt es natürlich trotzdem. Aufgeschreckt watschelt sie von ihren Eiern herunter und beschwert sich schnatternd: „Nat, nat, nat!“
„Hörst du das, Otto?“, ruft Benjamin beglückt. „Die Küken schnattern schon im Ei. Mein Kissen kann viel schneller brüten als Nat-Nat.“
Otto schüttelt den Kopf. „Aber Benjamin, das sind doch nicht die Küken. Das ist Nat-Nat, die quakt“, sagt er.
Doch Benjamin ist sich sicher, dass die Küken nun bald schlüpfen werden.
„Jetzt müssen wir nur noch den Kirschbaum zum Blühen bringen“, verkündet er und läuft eilig los.

Benjamin hat noch niemals einen Kirschbaum zum Blühen gebracht. Aber er hält es für eine gute Idee, mit jeder grünen Knospe persönlich zu sprechen. „Komm doch raus, kleine Blüte! Es ist schon ganz warm ...“, bittet Benjamin.

„Aber Benjamin, das bringt doch nichts!“, meint Otto und erklärt seinem Freund, dass allein die Sonne den Baum zum Blühen bringen kann.

Benjamin legt seinen Kopf in den Nacken und ruft zur Sonne hoch: „Bitte liebe Sonne, scheine ganz warm, damit der Kirschbaum endlich blüht!“

Tatsächlich scheint die Sonne daraufhin ganz warm, und der Kirschbaum erblüht. Allerdings nur für Benjamin!

Otto dagegen sieht die gleichen grünen Knospen wie zuvor.

„Törööö, wir haben es geschafft! Die Schneeglöckchen sind draußen, die Kirschblüten blühen, und gleich schlüpfen die Enten“, freut sich Benjamin.

Otto widerspricht seinem Freund. „Das stimmt doch gar nicht, Benjamin. Ich glaube, du siehst heute nur, was du sehen willst. Oder hast du Tomaten auf den Augen?“

Tomaten auf den Augen? Da wird Benjamin aber ärgerlich. „Du willst wohl nicht, dass heute Frühling ist und ich im Zoosee baden kann!“, schimpft er mit seinem Freund.

„Was? Du willst im Zoosee baden?“, ruft Otto entsetzt.

Benjamin läuft rasch ins Elefantenhaus und kommt kurz darauf in seinem Badeanzug wieder heraus.
„Es ist doch viel zu kalt“, sagt Otto.
„Nein, das ist das perfekte Badewetter!“, behauptet Benjamin und eilt zum See.
Otto folgt ihm besorgt. „Du wirst dir eine Erkältung holen“, versucht er, ihn abzuhalten.
Doch Benjamin taucht schon seinen Rüssel ins Wasser. „Ga... ganz warm“, beteuert er.
„Aber dein Rüssel zittert“, ruft Otto.
„Vor Freude“, meint Benjamin. Dann atmet er tief durch und springt kopfüber in den See.
Für einen kurzen Moment ist Benjamin vollständig unter Wasser. Als er wieder auftaucht, brüllt er: „Uhahihuhahiha!“
Er hört sich an wie Heinz Hyäne bei Vollmond. Gleich darauf trabt ein zitternder und bibbernder Benjamin wieder ans Ufer.

Schnell eilen die Freunde zurück ins Elefantenhaus. Otto kocht einen heißen Tee und wickelt den schlotternden Benjamin in eine warme Decke.
„Hatschi!", niest Benjamin. „Auweia, ich glaube, ich habe mir etwas geholt", meint er schniefend.
„Nein, Benjamin!", sagt Otto. „Ich glaube eher, du hast etwas verloren."
Verloren? Benjamin blickt sich suchend um. „Was habe ich denn verloren, Otto?", fragt er.
„Deine Geduld!", lacht Otto und schenkt seinem Freund frischen Tee ein.
„Ich wäre viel geduldiger, wenn ich im warmen Zoosee baden könnte", verteidigt sich Benjamin.
„Können wir sicher bald", vertröstet ihn Otto. „Wir müssen nur noch ein bisschen Tee trinken und abwarten."
„Tee trinken und abwarten? Davon wird es doch nicht Frühling!", beschwert sich Benjamin.
Doch kaum hat er seine Tasse leer getrunken, ertönt vor dem Elefantenhaus ein Quaken und Piepsen. Benjamin und Otto laufen zum Fenster und trauen kaum ihren Augen.

Da ist ja Nat-Nat – und ihre Küken! Sie sind geschlüpft! Piepsend trippeln sie ihrer Mutter hinterher. Wie entzückend!
Sofort laufen Benjamin und Otto nach draußen, um die Küken zu begrüßen.
„Jetzt wird es auch mit den Blumen und Bäumen nicht mehr lange dauern“, weiß Otto.
„Höchstens noch eine Kanne Tee! Oder zwei oder drei“, lacht Benjamin und nimmt sich vor, heute noch ganz viel Tee zu trinken, damit es endlich Frühling wird.

Die Mondreise

„Was für ein Wetterchen!“, freut sich Karla Kolumna. Die rasende Reporterin schießt mit *Klick, Klick, Klick* lustige Fotos von Benjamin, der mit beiden Füßen im Planschbecken steht und sich mit kühlem Wasser bespritzt.

„Sehr schön, Herr Blümchen“, bedankt sich Karla. „Und jetzt hätte ich noch ein paar Fragen.“

„Was denn für Fragen?“, will Benjamin wissen.

„Natürlich Fragen, die die Leser der Neustädter Zeitung brennend interessieren“, erklärt Karla. „Zum Beispiel: Was trinkt ein Elefant im Sommer?“

„Wasser mit Eisstückchen“, antwortet Benjamin.

„Und was isst ein Elefant im Sommer?“

„Käse mit Eisstückchen“, sagt er.

Karla schreibt eifrig mit. Dann stellt sie eine letzte Frage.

„Wohin verreisen Sie diesen Sommer, Herr Blümchen?“

„Auf den Mond“, behauptet Benjamin.

„Ahahaha!“, lacht Karla. „Das geht doch nicht! Dafür bräuchten Sie ja eine Rakete.“

Aber Benjamin braucht keine Rakete. „Der Mond ist zurzeit ganz nah, Frau Kolumna“, lässt er Karla wissen.

„Dann will ich aber unbedingt ein Foto von dem Mann im Mond haben. Ahaha!“, witzelt die Reporterin und verabschiedet sich.

Kurz darauf ruft Benjamin seinen Freund Otto an. „Otto, du musst sofort herkommen. Wir reisen auf den Mond“, sagt er.

Otto kommt sofort. Er macht sich ein bisschen Sorgen um Benjamin. Hat sein Freund womöglich einen Hitzeschock erlitten? Aber nein! Benjamin meint es vollkommen ernst. Er will tatsächlich noch heute zum Mond aufbrechen.

„Der Mond ist doch viel zu weit weg“, wendet Otto ein.

Doch Benjamin schüttelt den Kopf. „Der Mond ist seit gestern hinter dem Hügel dort“, behauptet er und deutet zu einem Hügel am Horizont.

„Das glaube ich nicht“, meint Otto.

Da holt Benjamin seinen Koffer vom Schrank und erklärt seinem Freund: „Ob du es glaubst oder nicht: Du wirst es bald mit eigenen Augen sehen!“

Wirklich? Otto ist plötzlich sehr neugierig.

Benjamin packt Wasser zum Trinken und Käse zum Essen in den Koffer. Außerdem einen Fotoapparat und ein Schlauchboot, falls es auf dem Mond einen See gibt. Dann kann die Reise losgehen. Aber was ist nur mit Otto los? Zögerlich bleibt er im Türrahmen stehen.

„Willst du doch nicht mit?“, fragt Benjamin.

Natürlich will Otto mit! Er will unbedingt den Mond sehen. Aber er hat auch ein bisschen Angst.

„Vielleicht ist es dort ganz dunkel und wir verirren uns!“, überlegt Otto.

Da packt Benjamin noch eine Laterne und Streichhölzer in den Koffer.

„Danke!“, sagt Otto beruhigt.

Kurze Zeit später marschieren die Freunde eine lange Straße entlang und dann an Feldern voller Weizen und Schlüsselblumen vorbei.

„Ich kann nicht mehr“, stöhnt Otto nach einer Weile erschöpft und setzt sich auf einen großen Stein.

Da entdeckt Benjamin ein Bushalteschild. „Wir fahren das letzte Stück mit dem Bus“, beschließt er.

Als der Bus hält, steigen Benjamin und Otto ein. „Bitte zweimal zum Mond“, sagt Benjamin.

„Macht eins achtzig“, erwidert der Busfahrer und lacht.

An der Endstation steigen Benjamin und Otto aus. Der Hügel liegt direkt vor ihrer Nase.

„Jetzt sind wir gleich beim Mond!“, freut sich Benjamin.

Zusammen mit Otto läuft
Benjamin im Eilschritt die Anhöhe hinauf und auf der anderen Seite wieder hinunter.
Doch was ist das? Vor lauter Bäumen können die beiden den Mond gar nicht sehen.
„Hier ist ja ein richtiger Wald“, ruft Benjamin.
Tatsächlich! Überall stehen Kiefern, Eichen und Tannen herum – und jetzt auch noch
Benjamin und Otto samt Koffer.

„Sicher hat sich der Mond irgendwo zwischen den Bäumen versteckt", vermutet Benjamin und läuft krachend durchs Geäst. Doch statt des Mondes entdeckt er nur ein Vogelnest und eine alte Frisbee-Scheibe.

„Vielleicht habe ich mich doch getäuscht!", meint Benjamin schließlich und lässt traurig seinen Kopf hängen.

„Aber nein!", sagt Otto und hat plötzlich eine Idee. „Wir müssen warten, bis es Abend wird."

„Genau!", stimmt Benjamin zu. „Dann leuchtet der Mond, und wir können ihn sehen."

In der Zwischenzeit bläst Benjamin das Schlauchboot
mit seinem Rüssel auf und setzt sich mit Otto hinein. Als die Sonne dann untergegangen ist, wird es sehr unheimlich im Wald. Im Abendlicht sehen die Bäume wie exotische Tiere aus, und merkwürdige Geräusche erklingen.
„Uaaah!", tönt es von einer Tanne.

„War das eine Eule? Oder ein Gespenst?“, fragt Otto ängstlich und drückt sich eng an seinen starken Freund.
Benjamin holt die Laterne aus dem Koffer und zündet sie an. Im Licht ist kein einziges Gespenst zu sehen. Da fürchtet sich Otto schon viel weniger.

Kurz darauf wird es noch heller.
„Da ist ja der Mond!“, ruft Otto und zeigt auf die große, leuchtende Kugel am Himmel.
„Aber er ist viel weiter weg, als wir dachten.“
Wie schade!
Benjamin lacht nur und deutet auf die helle Kugel, die im Waldsee zu sehen ist.
„Da ist doch der Mond!“, erklärt er seinem Freund.
Otto staunt: „Wo kommt der denn her?“

„Er hat sich im See versteckt", sagt Benjamin und macht sich bereit zur Mondlandung. Zusammen mit Otto schiebt er das Schlauchboot ins Wasser und paddelt auf den leuchtenden Mond im See zu. Je näher die beiden kommen, desto lauter klopft ihr Herz. Wie wird es auf dem Mond wohl aussehen?

Zauberhaft! Auf dem Mond sieht es einfach zauberhaft aus. Das Wasser glitzert und glänzt, und das Mondlicht lässt Benjamin und Otto hell erstrahlen.
„Töröö! Wir sind auf dem Mond gelandet“, freut sich Benjamin.
„Das ist die schönste Reise, die ich je gemacht habe“, sagt Otto begeistert.
Dann holen sie Käse, Brot und Wasser aus dem Koffer und machen ein Picknick. Sanft schaukelt das Schlauchboot auf dem Mond.
„Was für eine Ruhe!“, schwärmt Benjamin.
„Wir sind wahrscheinlich die einzigen Lebewesen hier“, überlegt Otto.

Doch in dem Moment macht es *blubb*. Na so was!
Otto beugt sich über den Rand des Bootes und traut seinen Augen nicht. „Da ist ja ein Karpfen!“, ruft er.
„Ein echter Mondfisch!“, staunt Benjamin. Sofort holt er die Kamera aus dem Koffer und fotografiert den Fisch.

Am nächsten Morgen nehmen Benjamin und Otto den Bus zurück zum Zoo. „Da seid ihr ja!“, begrüßt sie Herr Tierlieb aufgeregt. Er hat sich bereits Sorgen gemacht. Auch Karla Kolumna ist heute schon früh in den Zoo gekommen, um nach Benjamin und Otto zu suchen.

„Wir waren doch auf dem Mond“, sagt Benjamin. Herr Tierlieb schlägt die Hände über dem Kopf zusammen. „Was ist das denn für ein Unsinn?“ Auch Karla will nicht glauben, dass die beiden auf dem Mond waren.

Da holt Benjamin das Foto von dem Karpfen heraus. „Der Mann im Mond war nicht da“, erzählt Benjamin der Reporterin. „Aber wir haben den Fisch im Mond gesehen.“

Für einen Moment bleibt Karla der Mund offen stehen. „Sensationell!“, ruft sie dann und fährt sofort in die Redaktion, um das Bild dieses seltenen Fisches zu veröffentlichen.

Vom Winde verweht

Benjamin hat heute Tee gekocht. „Jetzt machen wir es uns gemütlich“, sagt er zu seinem Freund Otto und gießt den dampfenden Tee in die Tassen.

„Das riecht aber gut“, freut sich Otto und kuschelt sich in die warme Decke.

Plötzlich rüttelt es an der Tür.

„Nanu, Besuch?“, wundert sich Benjamin.

Aber draußen steht gar niemand. *Huiii!* macht es nur, und Laub weht ins Haus hinein.

„Das war der Wind“, erklärt Otto.

„Was fällt dem denn ein?“, beschwert sich Benjamin.

„Dieser Wind ist wirklich frech.“ Gleich darauf zieht er eine wetterfeste Jacke an und setzt seine Mütze auf.

„Benjamin, was hast du denn vor?“, fragt Otto erstaunt.
Aber da ist Benjamin schon nach draußen gegangen.
„Warte doch!“, ruft Otto ihm nach.

Der Wind pustet so heftig, dass die Bäume schwanken, die Zooschilder zittern und die Ohren von Benjamin flattern.

„Wohin willst du denn?“, erkundigt sich Otto und läuft seinem Freund hinterher.

„Ich muss dringend mit dem Wind reden“, antwortet Benjamin.

Otto schüttelt den Kopf. „Aber man kann doch nicht mit dem Wind reden“, sagt er.

„Wieso denn nicht?“, meint Benjamin und stapft weiter.

Dummerweise vergisst er dabei, seine Mütze festzuhalten.

Auweia! Der Wind fegt die Mütze von Benjamins Kopf, wirbelt sie durch die Luft – und Zenzi Ziege auf die Hörner. „Määh!“, freut sie sich.
Benjamin freut sich nicht. Denn gerade als er seine Mütze greifen will, weht sie der Wind schon wieder weg. „Du dummer Wind!“, schimpft Benjamin.
„Hui! Hui! Hui!“, antwortet der Wind, und es klingt, als würde er über den Elefanten lachen.
„Kannst du endlich mal mit diesem Gewehe aufhören?“, brummt Benjamin verärgert.
Nein, der Wind kann ganz und gar nicht damit aufhören! Er bläst sogar noch stärker.
Jetzt bläst er Benjamins Mütze auch noch zum Ententeich. Oh nein!
Doch diesmal ist Benjamin schneller. Er fängt die Mütze mit dem Rüssel und drückt sie fest auf seinen Kopf.

Aber wohin läuft Benjamin denn?
„Gehen wir nicht in dein Haus zurück?“, wundert sich Otto. Er sehnt sich nach seiner warmen Decke und dem Tee.
Aber Benjamin hat andere Pläne. Er klopft ans Haus der Nilpferde. Vorsichtig steckt Nana Nilpferd ihren Kopf aus der Tür.
„Hallo, Nana! Ist der Wind bei euch?“, fragt Benjamin.
„Oink, oink!“, grunzt Nana.
Benjamin ist erfreut. „Das ist ja schön“, sagt er und zieht Otto mit ins Haus hinein.
Suchend läuft Benjamin von einem Eck zum anderen. „Wo ist der Lümmel denn?“, ruft er und hebt mit seinem Rüssel sogar den Futtertrog hoch.

Die Nilpferdfamilie sieht erstaunt zu. Auch Otto versteht seinen Freund nicht mehr. „Was soll das, Benjamin?“, will er wissen.
„Ich dachte, der Wind hätte sich dort versteckt“, antwortet Benjamin und verabschiedet sich von den Nilpferden.

„Wir müssen den Wind weiter suchen“, sagt Benjamin und läuft mit Otto durch den Zoo. Beim Giraffenhaus treffen die Freunde auf Tierwärter Karl.

„Hast du vielleicht den Wind gesehen?“, fragt Benjamin den Tierwärter.

Karl deckt die Strohballen bei den Giraffen gerade mit einer Plastikplane ab. „Und ob! Schaut nur, wie er die Plane beutelt“, lacht Karl.

Da plötzlich sieht auch Benjamin den Wind. Natürlich! Unter die Abdeckplane hat er sich verkrochen! „Jetzt hab ich dich, du Lümmel!“, freut sich Benjamin und löst die Schnüre der Plane.

„Benjamin, was soll ...?“, will Karl fragen. Aber da ist es schon passiert. Die Plane wirbelt nach oben. Und mit ihr ein sehr verdutzter Benjamin. Na so was!

„Ich fliege mit dem Wind", ruft Benjamin begeistert und segelt über die Giraffen hinweg zum Zoosee.
„Benjamin, komm sofort runter!", ruft Karl laut nach oben.
„Das macht aber Spaß!", ruft Benjamin zurück.
Trotzdem sind Karl und Otto etwas besorgt und laufen ihm hinterher. Schließlich ist Benjamin doch ein Elefant und kein Vogel.
Wie schön der Zoo von oben aussieht! Die Häuser sind so klein wie Spielzeug und die Bäume nicht größer als Blumen.

Endlich haben Karl und Otto den fliegenden Benjamin eingeholt. Sie sind völlig außer Atem. Doch sie haben einen guten Plan oder besser gesagt ein Seil.
Otto bindet eine Schlaufe hinein und wirbelt das Seil wie ein Lasso nach oben. „Fang auf!", fordert Otto seinen fliegenden Freund auf.
Gar nicht so leicht! Immer wieder greift Benjamin ins Leere. Doch plötzlich fegt eine Windbö das Lasso direkt um Benjamins Bein herum. Na so was! „Danke, Wind!", freut sich Benjamin.
„Hau ruck!", rufen Otto und Karl und ziehen den Elefanten mit vereinten Kräften auf den Boden zurück.
„Alles in Ordnung?", erkundigt sich Karl besorgt.
„Aber natürlich!", lacht Benjamin und erklärt stolz, dass er dort oben endlich persönlich mit dem Wind sprechen konnte.
„Und was hat er gesagt?", fragt Otto neugierig.

„Er hat mir versprochen, dass er bald mit diesem Gewehe aufhören wird“, verkündet Benjamin.

Karl schüttelt den Kopf. „Was ist denn das für ein Unsinn?!“, meint er. Aber es ist natürlich ganz und gar kein Unsinn.

Kurz darauf sitzen Benjamin und Otto wieder im Elefantenhaus und trinken gemütlich Tee. Da rüttelt es erneut an der Tür. Aber diesmal ist es nicht der Wind. Oh nein! Es ist Karl.
„Der Sturm ist tatsächlich vorüber“, berichtet der Tierwärter staunend.
„Törööö!“, freut sich Benjamin. Er weiß ganz genau: Das liegt natürlich nur daran, dass er mit dem Wind persönlich gesprochen hat.

Die Rüsselheizung

Als Benjamin am Morgen aufwacht, ist alles ganz weiß. „Törööö! Es hat geschneit!“, ruft er begeistert und würde am liebsten gleich in seinem Schlafanzug nach draußen rennen.

Aber das ist natürlich viel zu kalt! Benjamin muss sich erst mal warm anziehen: Pullover, Jacke, Mütze, Schal! Plötzlich klopft es an die Tür. Nanu? Wer kann das denn sein? Neugierig öffnet Benjamin.

Wusch! macht es in diesem Moment, und mitten auf Benjamins Stirn landet ein Schneeball.
„Haha!“, lacht Otto und versteckt sich hinter einem Busch.
„Na warte!“, trötet Benjamin und greift mit seinem Rüssel in den Schnee.
„Aaaaah!“, schreit Otto und sucht Deckung hinter einem Baumstamm.
Benjamin hechtet seinem Freund hinterher. Schon fliegt ein Schneeball zu Otto hin und ein anderer zu Benjamin her, und dann immer so weiter, hin und her – bis Otto und Benjamin selbst wie Schneebälle aussehen.
„Brrrr! Ist das kalt!“, bibbert Otto nach einer Weile und klopft sich den Schnee ab. Seine Lippen sind schon ganz blau angelaufen.
„Komm, ich wärm dich!“, bietet Benjamin an und bläst Otto mit seinem Rüssel warme Luft zu.
„Toll! Kannst du mir auch den Bauch wärmen?“, fragt Otto.
„Aber natürlich!“, lacht der Elefant und bläst mit *Pfff!* auch noch warme Luft in Ottos Anorak hinein.
„Jetzt ist mir wieder warm“, freut sich Otto.
„So ein Rüssel ist eben die beste Heizung der Welt!“, verkündet Benjamin stolz.
Plötzlich hat er eine Idee und läuft in sein Haus.

Neugierig folgt Otto ihm. „Was machst du da?“, will er wissen.
Benjamin sitzt am Tisch und schnipselt mit einer Schere an einem Plastikschlauch herum.
„Ich bastle dir einen eigenen Rüssel. Damit kannst du dir selbst einheizen“, erklärt Benjamin.
„Aber ich bin doch kein Elefant“, wendet Otto ein.
„Das macht doch nichts“, meint Benjamin.
Dann ist der Rüssel fertig. Benjamin zieht ihn Otto über den Kopf und befestigt ihn mit Gummibändern an seinen Ohren. Benjamin ist sehr zufrieden mit seinem Werk.
Nur Otto ist nicht zufrieden – obwohl der Rüssel wie angegossen sitzt.

Die beiden gehen nach draußen. Benjamin zeigt seinem Freund, wie er Schnee schaufeln und sich zugleich mit dem Rüssel in den Nacken pusten kann. „Siehst du, so geht das!“, sagt Benjamin und biegt Ottos Rüssel nach hinten. Da ertönt plötzlich ein lautes Lachen: „Ahahahaha!“

Otto würde am liebsten im Boden versinken, als Karla Kolumna lachend um die Ecke biegt. „Sensationell! Jetzt haben wir gleich zwei Elefanten im Zoo“, witzelt sie. Dann zückt sie ihre Kamera. Oh nein! Otto will nicht fotografiert werden. Nicht mit einem Rüssel im Gesicht. Er nimmt ihn schnell ab und gibt ihn Benjamin zurück.
„Schade!“, bedauert Frau Kolumna.
„Sehr schade!“, findet auch Benjamin. Dann legt er seine Schaufel in den Schnee und läuft mit dem Rüssel in der Hand davon.

„Wohin willst du denn?“, ruft Otto seinem Freund hinterher.

„Zu jemandem, der meinen Rüssel wirklich braucht“, erwidert Benjamin spitz.

„Bist du etwa beleidigt?“, fragt Otto.

Benjamin gibt seinem Freund keine Antwort. Stattdessen klopft er bei den Kamelen an. Sie stehen bibbernd in einer Ecke ihres Hauses und drücken sich eng aneinander.

„Jetzt wird euch gleich warm“, verspricht Benjamin und bindet dem verdutzten Kurt Kamel den Rüssel um den Kopf. „Am besten pustest du dich zuerst selbst warm und dann deine Familie“, schlägt er dem Kamel vor.

Aber Kurt will nicht pusten. Er will nur den Kopf hin und her schütteln – und zwar so lang, bis der Rüssel im hohen Bogen davonfliegt.

„Ich verstehe. Ihr wollt meinen Rüssel also auch nicht“, sagt Benjamin eingeschnappt.

Otto versucht, seinen Freund aufzumuntern. „Vielleicht braucht Karl ja eine Rüsselheizung!“, meint er. „Schau mal, er ist da drüben beim Giraffenhaus!“
„Nein!“, erklärt Benjamin entschieden. „Meine Rüsselheizung bekommt niemand mehr! Niemals! Nie!“
„Hallo, ihr beiden!“, ruft Karl herüber. „Könnt ihr meine Leiter unten festhalten, dann kann ich den Schnee vom Dach kehren.“
Otto und Benjamin halten die Leiter, so fest sie können.

Krrr! und *Krtzz!* macht Karl mit seiner Schaufel auf dem Dach. Aber es fällt kein Schnee nach unten. „Das ist alles festgefroren", murmelt Karl enttäuscht und steigt wieder ab. „Was machen wir jetzt nur?"

Otto hat sofort eine Idee.

„Die Rüsselheizung", ruft er und schlägt vor, das Eis auf dem Dach damit abzutauen.

„Abtauen! Ja, das wäre das Allerbeste", stimmt auch Karl zu.

Aber Benjamin will davon nichts hören. „Nein!", sagt er entschieden und verschränkt die Arme. „Niemand bekommt mehr meine Rüsselheizung. Niemals! Nie!"

Plötzlich ertönt ein fürchterlicher Schrei aus dem Giraffenhaus: „Iaaaaaouuu!"
Ein Stück der Decke ist nach unten gefallen – ganz knapp an Gerda vorbei.
„Das Eis ist zu schwer für das Dach. Wenn wir nichts tun, stürzt es bald ein", befürchtet Karl.
Da überlegt Benjamin es sich anders und reicht Otto den Rüssel hinüber.
„Hier, Otto!", sagt er. „Ich glaube, wir müssen jetzt dringend dem Schnee einheizen."
Otto lacht über das ganze Gesicht. „Danke, Benjamin!", freut er sich und zieht sich den Rüssel über den Kopf.
Dann gehen die beiden an die Arbeit.
„Ooooks!", macht Gerda erstaunt, und auch Karl macht große Augen.
Denn Otto steigt auf die Leiter und pustet mit dem Rüssel auf den Schnee.
Benjamin bleibt unten stehen und pustet von dort ebenfalls mit seinem Rüssel auf den Schnee. Beide pusten so warm und kräftig, dass das Schmelzwasser schon bald mit *Plopp-Plopp* nach unten tropft.

„Sensationell!“, ruft Karla Kolumna, die gerade mit ihrem Roller vorbeidüst.
Eine Rüsselheizung oder besser gesagt zwei Rüsselheizungen auf einmal hat sie noch nie gesehen.
Als das Dach wieder schneefrei ist, klatschen Karl und Karla begeistert. Otto lässt sich diesmal sogar von Frau Kolumna fotografieren und ist auf seine Rüsselheizung fast noch stolzer als Benjamin.